LES
CONVENTIONS COMMERCIALES

DE

LA ROUMANIE

DEVANT

LE DROIT PUBLIC EUROPÉEN

———————

PARIS

IMPRIMERIE CENTRALE DES CHEMINS DE FER

A. CHAIX ET Cie

RUE BERGÈRE, 20, PRÈS DU BOULEVARD MONTMARTRE.

1878

LES
CONVENTIONS COMMERCIALES

DE

LA ROUMANIE

DEVANT

LE DROIT PUBLIC EUROPÉEN

PARIS

IMPRIMERIE CENTRALE DES CHEMINS DE FER

A. CHAIX & Cie

RUE BERGÈRE, 20, PRÈS DU BOULEVARD MONTMARTRE

1878

LES
CONVENTIONS COMMERCIALES
DE
LA ROUMANIE

INTRODUCTION

Les conventions commerciales que la Roumanie cherche, depuis 1875, à conclure avec les grandes Puissances, ont soulevé de graves et nombreuses difficultés. Conçues, en Roumanie, dans un esprit opposé à la civilisation moderne et aux grands principes du droit public européen, elles devaient rencontrer, dans les autres États, la plus vive résistance. Le régime exceptionnel auquel la législation roumaine soumet tous les étrangers, mais spécialement les israélites tant étrangers qu'indigènes, est l'écueil contre lequel devaient nécessairement se heurter les efforts de la diplomatie de ce pays.

Tout le monde sait quelle est la situation des israélites en Roumanie. Ils sont considérés et traités comme étrangers, même ceux dont les familles sont établies dans le pays de temps immémorial; la Constitution refuse de leur accorder la naturalisation; de nombreuses lois les privent d'importants droits civils,

Cette population israélite de près de 250,000 âmes, indigènes et étrangers ensemble, est pour ainsi dire mise hors la loi, continuellement exposée à l'arbitraire, à l'oppression, à une persécution sûre de l'impunité.

Les Gouvernements européens, dans l'intérêt général de l'humanité et de la civilisation, se sont plus d'une fois efforcés de mettre fin à une situation si douloureuse, qui fait des israélites Roumains, par la seule raison qu'ils sont israélites, les victimes d'une législation inique et de violences sanglantes. Mais toutes les représentations et tous les conseils adressés par les Puissances au Gouvernement roumain ont échoué par cette seule raison qu'on avait à faire ici moins à des préjugés religieux profondément enracinés, qu'à une question de politique créée dans un intérêt de parti, entretenue par les partis, exploitée par les uns contre les autres.

Avec l'organisation née de la Constitution de 1866 commence l'ère de la persécution contre les juifs étrangers ou indigènes. Jusque là, ceux-ci avaient vécu dans la meilleure harmonie avec leurs compatriotes chrétiens et avaient joui d'importants droits civils. Mais le parti nouveau, rouge, dit libéral, pour gagner des adhérents dans le peuple, ne trouva rien de mieux ni de plus honnête que de réveiller contre ces juifs laborieux les préjugés d'une population très-bonne au fond, mais peu civilisée, et d'exciter contre eux l'envie et la jalousie des classes commerçantes. Il acheta ensuite l'appui de ces deux classes en leur sacrifiant les juifs, qu'il avait réussi à brouiller avec eux. Cette manœuvre perfide corrompit peu à peu le sentiment populaire, éveilla les instincts grossiers des masses, et enfin, lorsqu'une législation compliquée vint priver les israélites de leurs droits, les traiter en étrangers et en parias, on vit nécessairement se produire cette série de persécutions, d'émeutes et de cruautés qui ont rempli le monde civilisé d'indignation et d'horreur.

On trouvera plus loin (p. 15) une liste abrégée des lois d'exception qui régissent en Roumanie les israélites indigènes comme les israélites étrangers, tous les israélites étant considérés comme étrangers dans ce pays.

Lorsque, en 1875, la Roumanie voulut conclure des conventions de commerce avec les puissances européennes, cette législation et les règlements qui s'y rattachent soulevèrent les difficultés les plus sérieuses. La Roumanie pouvait-elle penser que les Puissances contractantes, dans les pays où la Constitution garantit l'égalité de toutes les confessions, voudraient ou pourraient signer une convention où cette égalité fût méconnue ? D'ailleurs, si les Gouvernements européens devaient repousser pour leurs nationaux israélites la législation roumaine au nom du principe fondamental de leur droit public, ils le devaient également au nom de de leur dignité et dans l'intérêt de la civilisation. S'ils cédaient sur le principe de l'égalité de tous leurs sujets en Roumanie, ils reconnaissaient indirectement cette législation Roumaine contre laquelle ils avaient si souvent et si énergiquement protesté.

La Roumanie, de son côté, ne put pas se décider à renoncer à ses lois d'exception, et comme elle avait un grand intérêt politique à prouver sa souveraineté par la conclusion de conventions avec les Puissances, ses diplomates imaginèrent de dissimuler, dans les traités, les clauses restrictives, en les cachant sous des formules générales et des textes vagues, qu'ils se chargeraient ensuite d'interpréter comme il leur conviendrait.

Dans le traité de la Roumanie avec l'Autriche-Hongrie, l'article 1er garantit la pleine et entière liberté de commerce à tous les sujets austro-hongrois, mais la fin de cet article et le protocole final (voir plus loin, p. 22) permettent à la Roumanie d'appliquer aux israélites austro-hongrois toutes les lois restrictives qu'elle a créées. Cette concession de l'Autriche fut si inattendue, qu'à peine on put y croire en Roumanie. Dans la séance de la Chambre du 28 juin 1875, M. Strat, rapporteur, dit à ce sujet : « Je ne crois pas que » nous puissions trouver un pays, un gouvernement en Europe » ou en Amérique, qui, en entamant avec nous des négociations » pour la conclusion d'un traité de commerce, pourrait accom- » plir notre vœu en admettant une distinction entre ses propres » nationaux et pût nous dire : Allons, messieurs, il y a une partie » de mes nationaux que je vous prie de traiter avec bonté et » humanité et c'est pour eux que je veux stipuler des droits et » des garanties; mais l'autre partie, les juifs, oh! ceux-là, vous » pouvez les traiter comme il vous plaira. » C'est pourquo'

M. Strat ne voulut pas croire que la convention avec l'Autriche-Hongrie contînt réellement des restrictions pour les juifs de ce pays, « car, dit-il, je doute qu'on trouve un État qui pût com-
» mettre une pareille hérésie politique et permettre à l'autre État
» contractant des lois d'exception contre les adhérents d'une
» confession religieuse déterminée, car tout gouvernement qui
» accepterait une convention où certaines lois restrictives contre
» les Israélites seraient légalement reconnues, serait certaine-
» ment mis au ban de l'opinion publique. »

Il faut dire que l'opinion publique, par l'organe de la presse, par des pétitions et des représentations, s'éleva énergiquement contre la violence faite en Autriche-Hongrie à la Constitution et l'appui prêté à l'intolérance; et très-certainement les Chambres auraient refusé de voter le traité, si on ne les avait pas menacées de poser la question de cabinet. Le ministre Roumain des affaires étrangères put s'écrier dans la joie du triomphe : « Le traité
» austro-hongrois maintient toutes les restrictions existantes, c'est-
» à-dire une des grandes puissances reconnaît les lois d'exception
» contre les israélites. »

Ce qu'il faut surtout remarquer, c'est que cette concession si fâcheuse faite par l'Autriche à la Roumanie et contenue bien réellement dans le traité de commerce austro-hongrois, n'y est introduite que par un artifice de langage qui est destiné à la dissimuler. Le lecteur non prévenu ne l'y verrait même pas. On prend là sur le fait les habiletés de la diplomatie Roumaine, qui ne trompent plus personne. Il eût été impossible de dire ouvertement dans le traité qu'il faisait aux juifs austro-hongrois une situation inférieure à celle de leurs concitoyens des autres confessions. La crudité de cet aveu eût tout perdu. Il a bien fallu cacher la persécution sous une de ces formules vagues, qui ont l'air bien insignifiantes, mais dont le sens précis n'est que trop connu aujourd'hui. La Roumanie s'est réservé le droit de « maintenir les lois et prescriptions concernant la prohibition d'acquérir et de posséder des biens et des immeubles ruraux, » et « toutes les mesures nécessaires de police et de sûreté. » Qui se serait jamais imaginé, si les faits et les déclarations formelles des puissances contractantes n'étaient pas là pour le prouver, que ces paroles, en apparence si innocentes, signifient tout simplement et uniquement refus de tous les droits aux juifs? Quoique le piége ait été immédiatement découvert, la bonhomie de la forme n'a pas peu contribué à faire passer sur le fond. Une fois l'Autriche engagée, l'œuvre des diplomates roumains devenait facile. Il suffisait d'insérer dans les traités de commerce que la nation contractante avec la Roumanie aurait le traitement de la nation la plus favorisée. Cela disait tout et promettait de bien étranges faveurs.

Le traité austro-hongrois avait au moins cet avantage qu'il permettait à tous les sujets austro-hongrois d'acquérir des immeubles dans les villes. Ce n'était pas, sans doute, une concession nouvelle, car les juifs indigènes ont toujours joui de ce droit, quoi qu'il leur fût le plus souvent contesté par les tribunaux. Mais cette stipulation expresse du traité austro-hongrois (art. 4, voir plus bas, p. 22) fut rendue vaine par l'interprétation sophistique que lui donnèrent les tribunaux Roumains.

C'est ainsi que le tribunal de Galatz, par une sentence du 14/26 juillet 1876, annule l'achat d'une maison fait en ville par un israélite austro-hongrois, en s'appuyant sur ce considérant « que la convention de commerce avec l'Autriche-Hongrie déclare » formellement que seulement des sujets austro-hongrois, et il est » notoire que ceux-ci sont chrétiens, et non tous les sujets de » nationalité austro-hongroise indistinctement ont le droit d'acheter » des immeubles en Roumanie. »

Un autre argument, tout aussi caractéristique, fut invoqué dans une sentence du tribunal de Focsani, du 23 août 1876 :

« Considérant... qu'en ce qui concerne les sujets austro-
» hongrois de confession non chrétienne, les hautes parties
» contractantes (Autriche-Hongrie et Roumanie) n'ont pu avoir la
» pensée de leur attribuer un droit perpétuel dans une conven-
» tion valable seulement pour dix ans, alors qu'il n'a pas été
» expressément prévu qu'ils jouiraient de ce droit à titre défi-
» nitif... »

Le tribunal de Jassy dit à son tour (sentence du mois de novembre 1876) :

« Considérant que le sieur.... est sujet austro-hongrois....;
» que le droit d'acquérir des immeubles en Roumanie n'est ac-
» cordé qu'aux Autrichiens et Hongrois, que les *protégés* et sujets
» ne peuvent bénéficier des droits dont, suivant l'article 4 de la
» convention, peuvent jouir seulement les citoyens ;
» Que le sieur.... n'est pas citoyen austro-hongrois ;
» Le tribunal repousse, etc. »

Enfin, un récent arrêt de la Cour de Jassy, du 10 novembre 1877, en repoussant la demande d'un juif austro-hongrois, répète les arguments précédents et y ajoute ce considérant :

« Que les juifs n'ayant aucune patrie et n'appartenant, par
» suite, à aucun État, ils ne peuvent, en aucun cas, jouir du
» droit prévu par la loi présente (loi de 1864 qui accorde pour
» la première fois aux étrangers le droit d'acquérir des immeu-
» bles en Roumanie).... »

Ces exemples montrent suffisamment comment les tribunaux roumains s'entendent à tourner les dispositions formelles du traité austro-hongrois et quels mécomptes on se prépare en n'introduisant pas dans les traités roumains les stipulations les plus précises.

Des négociations furent plus tard ouvertes avec la France, l'Allemagne, l'Angleterre, l'Italie, la Suisse et la Hollande, en vue de conclure des conventions sur la base des conventions signées avec l'Autriche et la Russie, et par l'invention d'un tarif autonome très-élevé, on espérait avoir un « épouvantail » qui aurait effrayé les États récalcitrants.

Cependant, les États civilisés répondirent par un refus. L'Allemagne résista jusqu'au moment où la diplomatie roumaine tourna la difficulté en s'abstenant de toucher au point sensible, mais se borna à stipuler que l'Allemagne aurait le traitement de la nation la plus favorisée, ce qui veut dire que les restrictions admises par l'Autriche et la Russie s'appliqueraient aussi aux israélites allemands en Roumanie.

Qu'on lise, page 23, l'article 2 du projet de convention avec l'Allemagne. La rédaction, habilement calculée, révèle l'art consommé des diplomates roumains. On glisse sur cette formule, en apparence inoffensive, de « la nation la plus favorisée ». La clause va de soi et n'éveille pas l'attention. C'est là cependant que se trouve le trait empoisonné.

Si on hésitait à le croire, ce qui n'est pas probable, on n'aurait qu'à se reporter aux explications données par le ministre, M. Cogalniceano, au Sénat roumain (voir plus loin, page 43), et qui ne laissent pas le moindre doute sur les vraies intentions de la Roumanie. On comprend maintenant le langage tenu devant le Parlement allemand par M. de Bulow, qui connaissait sans doute déjà les commentaires de M. Cogalniceano. Le Parlement allemand, en face du traité de commerce avec la Roumanie, se demandait avec inquiétude si tous les Allemands, sans distinction de culte, seraient traités également en Roumanie, ou si le traité ne créait pas des Allemands de première et de deuxième catégorie. M. de Bulow ne pouvant donner des explications rassurantes, le Parlement allemand, par une résolution qui l'honore, renvoya le traité à une commission. Celle-ci ne put pas, à son tour, obtenir la déclaration qu'elle souhaitait sur l'article 2, et décida, dans sa séance du 22 mai, *de concert avec le gouvernement*, que le traité ne serait plus porté devant le Parlement. Cette résolution est de la plus haute importance. C'est la première fois qu'en Allemagne un traité de commerce échoue devant le Parlement. Il faut remercier le gouvernement allemand d'avoir écarté, dans cette question, les considérations diplomatiques pour sauvegarder la dignité de la nation allemande et le principe inviolable de la Constitution.

Des projets de convention ont été signés aussi avec l'Italie et la Suisse. Tous les deux contiennent, celui de la Suisse, en termes précis, celui de l'Italie, un peu moins clairement, la clause de « la nation la plus favorisée, » par conséquent les restrictions admises par l'Autriche. Dans le traité suisse, la question de l'établissement des Suisses en Roumanie est entièrement passée sous silence. Cette omission a été remarquée avec la plus vive satisfaction en Roumanie, et voici ce qu'a dit à ce sujet le rapporteur devant la Chambre de Bucharest, dans la séance du 27 mai : •

« La convention consiste en 7 paragraphes et un protocole final. Le rapporteur Pantazi Ghica propose que cette convention serve à l'avenir de modèle à la Roumanie. Le Gouvernement fédéral suisse, dit-il, n'a ni cherché ni obtenu pour ses nationaux des droits civils et politiques. Il n'a cherché à les exempter d'aucune charge, soit réquisitions, soit emprunts forcés, etc. ; bien plus, il les oblige à se soumettre à toutes les lois et règlements de la Roumanie. Confiante dans notre équité, notre législation si libérale et notre civilisation, la Suisse, comme un État qui doit sa grandeur à la liberté, a placé ses citoyens sous la garantie du droit des gens. »

La législation libérale, les sentiments de justice des Roumains, le droit des gens comme ils le comprennent, remplacent donc maintenant les stipulations précises que la diplomatie avait l'habitude de mettre dans les traités. Les explications roumaines prouvent que la Suisse ne pourra pas se féliciter de cette innovation, puisqu'elle expose ses nationaux en Roumanie à subir le régime oppressif des lois d'exception, et même des charges comme les réquisitions etc., dont sont partout exempts les étrangers, d'après les règles élémentaires du droit des gens. Quant au traité avec l'Italie, nous verrons quel sens on lui donnera en Roumanie. En général, quelle que soit la rédaction de ces traités, la déclaration de M. Cogalniceano peut en être considérée comme le commentaire authentique et officiel.

L'Allemagne ne sera pas seule à sauvegarder les droits de ses sujets israélites. Les débats du Parlement allemand ont jeté une si vive lumière sur les traités roumains, qu'on est autorisé à croire que l'Italie et la Suisse s'associeront aux cabinets de Paris et de Londres pour que l'égalité de leurs nationaux, sans distinction de culte, soit établie complétement et sans équivoque. Ne serait-il pas étrange que la Roumanie réussît à remanier le droit public européen et à porter dans tous les États une grave atteinte au principe de l'égalité ?

Cet espoir est d'autant plus fondé que la prochaine réunion du Congrès européen est devenue possible. M. le ministre d'État de Bulow a indiqué clairement — et nous croyons que tous les Gouvernements partagent cette manière de voir — que l'émancipation complète des israélites roumains fera partie du programme du Congrès. C'en sera fait alors des lois restrictives, et la con-

clusion des traités de commerce n'offrira plus la moindre difficulté.

Si cette question commerciale peut à elle seule avoir assez d'importance pour que le Congrès désire mettre fin au régime oppressif
qui pèse sur les israélites de Roumanie et à leur long martyre,
il y a une plus haute raison encore d'espérer que ce but sera
atteint. Un grand nombre de Congrès ont tenu à honneur de
résoudre des questions d'intérêt universel et philanthropique. La
mission du Congrès actuel est spécialement une mission d'humanité. L'œuvre qu'il doit accomplir et pour laquelle tant de sang
a été versé, n'a-t-elle pas pour devise : *Émancipation des nationa-
lités, liberté des races, égalité des confessions en Orient ?*

La question des juifs de Roumanie ne peut donc pas être considérée en ce moment comme une question intérieure : elle fait
au contraire partie intégrante du grand programme européen
pour la réforme et la pacification de l'Orient. Cette réforme est
impossible tant qu'un des États importants de l'est conserve sa
législation surannée et dangereuse, et continue, en persécutant les
juifs, à entretenir en Orient une agitation continuelle.

La Roumanie s'adresse en ce moment à l'Europe pour demander que son indépendance soit proclamée et l'intégrité de son
territoire protégée. Nous souhaitons et espérons que ses vœux
soient accomplis. Mais les puissances, en échange de ce bienfait,
ont le droit de lui demander qu'au moment d'entrer dans le
concert européen des nations civilisées, elle accepte les idées et
les principes de notre siècle, abolisse ses lois d'exception, et cesse
de persécuter une population nombreuse, qui, par son activité
pacifique et féconde, est pour le pays une source de bien être et
de prospérité. Le ministre actuel des affaires étrangères, M. Cogalniceano, soutenait déjà ces idées dans le Divan *ad hoc* de 1857. Il
y disait : « Voulons-nous que l'Europe soit juste pour la Rou-
» manie? que la Roumanie soit juste pour tous ses fils sans
» distinction de foi. »

Ces paroles, il est vrai, datent d'une époque où la Roumanie
voulait capter la bienveillance des puissances étrangères, dont elle
attendait le bienfait de l'émancipation. Il fallait bien alors être
libéral envers les étrangers, mais où est aujourd'hui le Roumain

assez éclairé et d'un courage assez patriotique pour proclamer hautement qu'il ne doit plus y avoir dans son pays que des citoyens égaux devant la loi ? Plus d'un homme d'État en Roumanie souhaite, pour l'honneur et le repos de son pays, que la question juive y soit résolue conformément aux principes de la civilisation, il n'y en a pas un qui ait le courage de le dire ouvertement à la tribune. Toutes les promesses faites à ce sujet aux puissances européennes, ne sont que de vaines paroles. Combien de fois les dépositaires du pouvoir n'ont-ils pas annoncé que la question juive serait réglée par la propre initiative de la Roumanie? Ces promesses n'ont eu d'autre effet que d'arrêter l'action de l'Europe, et, si elles sont répétées aujourd'hui, le Congrès saura, par l'histoire des dix dernières années, quel compte il doit en tenir. Il est facile de prévoir que les agents du parti roumain qui est aujourd'hui au pouvoir mettront tout en œuvre pour arrêter l'action du Congrès, soit en produisant contre les israélites tous les griefs et toutes les calomnies qui sont les lieux communs de l'intolérence religieuse, soit en faisant à l'Europe des promesses vagues, qui ne seront suivies d'aucun effet. Le Congrès ne se laissera pas détourner de son œuvre ni par ces accusations injustes, ni par ces assurances sur lesquelles il est impossible de faire aucun fonds. Il peut être certain que son intervention en faveur des juifs est attendue et souhaitée par les classes les plus intelligentes du peuple, par un grand nombre d'hommes d'État et de patriotes roumains. Ils sont convaincus que les israélites, qui ont offert leurs biens et leurs vies pour la patrie, et acquis par leur bravoure sur les champs de bataille, par leurs sacrifices en faveur du pays et de l'armée, des titres à la reconnaissance de la nation, peuvent légitimement réclamer les droits des citoyens, que leur émancipation apportera au pays des forces nouvelles. Le pays sera reconnaissant à l'Europe de cette réforme qu'il est impuissant à accomplir lui-même, qui le compromet aux yeux de l'Europe, empoisonne les luttes politiques des partis, et qui est une plaie saignante au flanc de la Roumanie.

La Convention de Paris de 1858, en donnant à tous les Roumains les mêmes droits civils, accordait les droits politiques aux Chrétiens seulement, tout en stipulant que ces droits pourraient être étendus plus tard à toutes les confessions. La Roumanie n'a pas tenu compte du vœu des Puissances, exprimé dans l'article 46 de cette convention. En proclamant aujourd'hui l'égalité de tous les cultes en Roumanie, le Congrès ne fera que continuer et compléter l'œuvre de la Conférence de Paris 1858, il répondra aux besoins et aux intérêts réels du pays, aux vœux des vrais patriotes roumains, et aux principes de l'humanité et de la civilisation. La Roumanie acquerra ainsi de nouveaux éléments de progrès, et elle pourra, avec le concours de tous ses enfants, développer pacifiquement toutes ses forces, pour son propre bien et pour la paix de l'Europe.

I

Législation Roumaine concernant les israélites

Les israélites indigènes.

Avant l'entrée en vigueur de la Constitution, les israélites roumains jouissaient de tous les droits civils. Ils pouvaient être avocats, professeurs, fonctionnaires de l'État, fermiers, propriétaires, plusieurs d'entre eux avaient même obtenu l'indigénat ou la petite naturalisation. Mais lorsque la politique intolérante commença à prévaloir, on assimila les israélites indigènes aux étrangers et on admit comme principe que les lois n'avaient jamais reconnu l'existence d'israélites indigènes.

A. La Convention de Paris de 1858, dit ce qui suit:

Art. 46. — Tous les Moldaves-Valaques sont égaux devant la loi, devant l'impôt et tous également admissibles aux emplois publics.

Les Moldaves et les Valaques de tous les rites chrétiens jouiront également des droits politiques. La jouissance de ces droits pourra être étendue aux autres cultes par des dispositions législatives.

La Convention de Paris admet par conséquent en Roumanie les classes suivantes :

1° Roumains chrétiens ou non, avec droits civils égaux (roumains);

2° Roumains chrétiens, avec droits politiques (citoyens) ;

3° Roumains non chrétiens qui ont les droits civils et pourront plus tard, par voie législative, obtenir les droits politiques.

Ce système est maintenu dans son entier par les lois ultérieures, telles que le Code civil, la Constitution, etc.

B. Code civil de 1864. — Les articles 6, 8 et 9 disent à quelles conditions on est roumain et on obtient la jouissance des droits civils:

Art. 6. — L'exercice des droits civils ne dépend pas de la qualité de citoyen, qui ne peut être demandée et gardée que conformément à l'article 16 de ce code.

Art. 8. — Tout individu né et élevé en Roumanie jusqu'à sa majorité et qui n'aura jamais joui d'aucune protection étrangère pourra réclamer la qualité de Roumain dans le cours d'une année après sa majorité.

Art. 9. — Ceux qui ne sont pas de rite chrétien ne peuvent obtenir la qualité et les droits de citoyen roumain qu'aux conditions prescrites par l'article 16 du présent code.

Ainsi, d'après l'article 8, il suffit d'être né et élevé en Roumanie jusqu'à l'âge de vingt ans, pour avoir le droit de réclamer, un an après sa majorité, la qualité de roumain, et d'après l'article 6, cette qualité confère les droits civils même aux personnes qui n'ont pas la qualité de citoyen. La qualité de *roumain* confère les droits civils, celle de *citoyen*, les droits politiques. Cette qualité de citoyen, suivant l'article 9 précité et l'article 16, ne peut appartenir qu'à des roumains de rite chrétien ou à des étrangers qui ont la naturalisation. L'article 16 dit à quelles condition un étranger peut obtenir la naturalisation et il ne contient aucune exception contre les israélites ou les non chrétiens.

Il résulte de ce qui précède que le Code civil suit les principes tracés par la Convention de Paris. Il admet les classes suivantes:

1° Les indigènes, sans distinction de culte, avec jouissance des droits civils, en qualité de *roumains;*

2° Les indigènes chrétiens avec jouissance des droits politiques en qualité de *citoyens ;*

3° Les étrangers, sans distinction de culte, avec admissibilité à la naturalisation.

C. La Constitution de 1866 adopte le même système et la distinction fondamentale entre les roumains et les citoyens, sauf pour la naturalisation, qu'elle refuse aux étrangers de rite non chrétien.

Art. 6. — La présente Constitution et les autres lois relatives aux droits politiques déterminent les conditions nécessaires, indépendammen t de la qualité de roumain, pour l'exercice de ces droits.

Art. 7. — La qualité de roumain s'acquiert, se conserve et se perd d'après les règles déterminées par les lois civiles. Les étrangers de rite chrétien peuvent seuls obtenir la naturalisation.

Déjà antérieurement le code civil (1864), avait pris des mesures analogues, dans les articles 9 et 16 cités plus haut.

Ainsi, la naturalisation ne peut plus être obtenue par les israélites étrangers; mais légalement les Israélites indigènes sont roumains, sinon citoyens, et n'ont même pas besoin de la naturalisation.

D. La Loi Communale de 1864 reconnaît expressément, dans son article 26, l'existence d'israélites indigènes :

Art. 26. — Les israélites indigènes, jusqu'à ce qu'ils aient prouvé qu'ils ont les sentiments et les mœurs des Roumains et jusqu'à la modification de la présente loi, ne pourront obtenir la naturalisation, ni exercer les droits communaux qu'aux conditions suivantes :

1° Si, servant dans l'armée roumaine, ils ont obtenu le grade de sous-officier ;

2° S'ils ont achevé les cours d'un collège ou d'une faculté en Roumanie ;

3° Si, après des études régulières, ils ont obtenu d'une faculté étrangère le diplôme de docteur ou de licencié dans quelque spécialité que que ce soit, pourvu que ce diplôme soit reconnu par le gouvernement du pays ;

4° S'ils ont fondé en Roumanie une fabrique ou une manufacture occupant au moins cinquante ouvriers.

Ce même texte est entré, comme article 24, dans la nouvelle Loi communale promulguée le 9 avril 1874.

Conclusion. — En vertu de la Convention de Paris, de la Constitution, du Code civil et de la Loi communale, la situation des israélites indigènes se présente théoriquement comme suit :

1° Ils ont la qualité des Roumains à laquelle est attachée la jouissance des droits civils;

2° Ils ne peuvent obtenir la qualité de citoyens, à laquelle est attachée la jouissance des droits politiques, que par la naturalisation, qui ne peut leur être accordée qu'à des conditions exceptionnelles.

Intérprétation abúsive des lois. — De la théorie à la pratique il y a loin. Depuis de nombreuses années les autorités et les tribunaux prétendent qu'il n'y a point d'israélites indigènes en

2

Roumanie, que les israélites de ce pays doivent être tous traités comme étrangers, et on verra plus loin comment sont traités en Roumanie les israélites étrangers.

Par cette interprétation abusive, tous les israélites sont des étrangers en Roumanie. Ils n'y ont aucun des droits des Roumains, mais tous les devoirs. Ils sont soumis, comme tous les Roumains, aux impôts et au service militaire. Dans la répartition des charges, on veut bien se souvenir qu'ils sont indigènes.

Service militaire. — D'après la Constitution, les Roumains seuls sont admissibles aux fonctions civiles et militaires. La loi de recrutement de 1864 dit :

Personne ne sera admis à servir dans l'armée s'il n'est pas Roumain.

Or, jusqu'en 1864, les israélites indigènes étaient considérés comme Roumains, par conséquent très-légitimement enrôlés dans l'armée.

Mais depuis qu'on les traite tous comme étrangers, ils pourraient invoquer l'article 1er de la loi de 1868 qui dit :

Art. 1. — Tous les habitants du pays, de vingt à cinquante ans, à l'exception des étrangers, sont soumis au service militaire.

La loi de 1876 dit également :

Art. 2. — Nul n'est admis à servir dans l'armée, s'il n'est Roumain ou naturalisé Roumain.

Mais les mêmes lois ajoutent :

Loi de 1868. — Toutefois les étrangers domiciliés dans le pays et qui ne jouissent d'aucune protection étrangère sont soumis au service militaire.

Loi de 1876, art. 2. — Néanmoins, tout individu qui, à l'époque de la conscription, ne pourra justifier qu'il appartient à une nationalité étrangère, sera soumis aux dispositions de la présente loi.

Dans le cours des débats sur la loi de 1876, on déclara expressément, dans la Chambre des députés, que ces gens sans aveu et sans nationalité n'étaient autres que les juifs roumains.

Cette loi a été votée en violation flagrante de la Constitution, qui déclare que les Roumains seuls sont admis dans l'armée. Les israélites, que l'on traite tous comme étrangers, pourraient donc refuser légalement le service militaire. Ils n'ont pourtant jamais eu cette pensée. Leur patriotisme leur faisait un devoir de servir le pays dans les rangs de l'armée et pendant la dernière guerre ils ont tous fait bravement leur devoir.

CONCLUSION. — Par une interprétation inattendue des lois et de la Constitution :

1° Tous les israélites en Roumanie, même les israélites indigènes, sont des étrangers ;

2° Les israélites indigènes sont néanmoins soumis à toutes les charges des Roumains, et notamment au service militaire.

Les israélites étrangers.

Il résulte déjà de ce qui précède, et de l'assimilation faite entre les israélites indigènes et les israélites étrangers, que toutes les lois roumaines qui intéressent les israélites s'appliquent également et indifféremment aux israélites étrangers et aux israélites indigènes, sauf la loi du recrutement militaire.

Les principales lois d'exception qui atteignent les sujets israélites des pays étrangers sont les suivantes :

1° *Établissement dans les campagnes.* La LOI DE POLICE RURALE du 23 décembre 1868 dit :

ART. — 10.—Aucun individu sans capital ne peut s'établir dans les communes rurales sans autorisation préalable du conseil communal.

En réalité, cette loi ne défend pas aux juifs de s'établir dans les campagnes, il n'existe même aucune loi qui porte cette défense, mais on voit d'abord que le droit d'établissement dans les communes rurales dépend absolument des conseils municipaux et sera généralement illusoire pour les israélites.

On remarquera en outre que, depuis les circulaires ministérielles du 24 avril/6 mai 1868 et du 15/27 janvier 1869, le Gouvernement a cru pouvoir expulser administrativement les israélites des campagnes. Ces circulaires ne s'appuyaient absolument sur aucun

texte précis ; elles invoquaient des lois et règlements depuis longtemps abolis par la législation nouvelle ou se rabattaient sur la
loi du vagabondage. Mais lors même que tous les israélites expul-
sés eussent été des vagabonds, ce qu'on croira difficilement, le
Code pénal, art. 218, dit formellement que « nul ne peut être
déclaré vagabond qu'en vertu d'une sentence judiciaire».

Propriétés d'immeubles. — On lit dans la LOI DU 19/31 AOUT 1864 :

ART. 1er. — Les étrangers de rite chrétien, domiciliés en Roumanie,
auront le droit d'acheter des propriétés immobilières, à la condition,
en ce qui concerne ces propriétés, de se soumettre aux lois du pays,
et seulement si les Roumains jouissent de ce droit dans les pays de ces
étrangers. Il n'est en rien dérogé par là aux dispositions légales relatives à la naturalisation.

Les israélites étrangers n'ont donc pas le droit de posséder des
immeubles, ni dans les villes ni dans les campagnes. On leur en
interdit même la possession par donation, héritage, partage,
contrat de mariage, etc., quoique la loi ne parle que de l'achat
des propriétés. Ces restrictions portent naturellement le plus grand
préjudice aux intérêts des israélites étrangers qui feraient le
commerce avec la Roumanie. En les empêchant d'acquérir des
immeubles pour les besoins de leurs affaires ou de garder les
immeubles de leurs débiteurs roumains, lors même qu'ils leur
seraient hypothéqués, on restreint singulièrement leurs droits com-
merciaux.

D'après une jurisprudence un peu plus libérale, les israélites
auraient au moins le droit d'acquérir des immeubles dans les
villes, mais cette faculté leur est refusée par les tribunaux, et
plusieurs jugements rendus après la conclusion de la Convention
austro-hongroise avec la Roumanie, dont l'article 4 garantissait
formellement ce droit à *tous* les sujets austro-hongrois, ont
néanmoins refusé d'enregistrer des acquisitions de maisons faites
dans les villes par des israélites de l'Autriche-Hongrie.

Lois diverses. — Les israélites, tant indigènes qu'étrangers, son
exclus du commerce des tabacs.

La LOI SUR LE MONOPOLE DES TABACS dit :

ART. 15. — Les entrepreneurs et tous les débitants de tabacs doivent être Roumains.

La LOI DES SPIRITUEUX du 1ᵉʳ avril 1873 atteint également les juifs :

ART. 8. — Dans les communes rurales, les villages et hameaux, dans les auberges isolées ou placées sur les routes, les débitants de boissons ne pourront obtenir de licence que s'ils sont inscrits sur la liste électorale communale d'une commune roumaine.

ART. 12. — Si un juif débite des spiritueux sans licence, les boissons trouvées chez lui seront confisquées et il sera passible d'une amende équivalant à la taxe annuelle qu'il aurait dû payer.
La même peine sera prononcée contre tous ceux qui contreviendront aux dispositions de l'article 8.

Les israélites ne sont pas nommés dans cette loi, mais ce sont eux seulement qu'elle veut atteindre.

Ils sont également exclus, par décret du 3/15 février 1868, de l'entreprise des travaux publics, et, en général, on les repousse de toutes les ventes, adjudications ou entreprises publiques de l'État et des communes.

II. Tableau synoptique des conventions commerciales signées

<table>
<tr><th>Autriche</th><th>Russie.</th></tr>
<tr><td>1875</td><td>Mars 1876.</td></tr>
<tr><td>

Art. Ier. — Il y aura pleine et entière liberté de commerce et de navigation entre les sujets de la monarchie austro-hongroise et ceux de la principauté de Roumanie, qui pourront, les uns et les autres, s'établir librement dans le territoire de l'autre Etat... Il est entendu que, par cette disposition, on n'a pas voulu déroger aux lois et ordonnances en vigueur dans les Etats des deux Hautes Parties contractantes et applicables à tous les étrangers en général : 1° en Autriche, aux lois relatives, etc...; 2° en Roumanie, aux *lois et prescriptions concernant la prohibition d'acquérir et de posséder des immeubles ruraux.* (Voir art. IV.)

Art. IV. — Les Roumains en Autriche-Hongrie et les Autrichiens et Hongrois en Roumanie auront réciproquement le droit d'acquérir et de posséder des biens de toute sorte et de toute nature, meubles et immeubles, et en pourront librement disposer par achat, vente... (V. art. Ier.)

Protocole final. — ... Il est entendu ... que par la disposition de cet article (art. Ier), *on n'a pas voulu déroger aux droits de chaque Gouvernement de prendre, par des lois et règlements, toutes les mesures nécessaires de police et de sûreté, et notamment celles par rapport à l'établissement de tout individu dans une commune rurale* avec l'autorisation du Conseil municipal ; toutefois, ces lois et ordonnances ne pourront entraver en aucune façon la liberté du commerce...

Il est bien entendu que, par les dispositions de l'article IV, les deux Hautes Parties contractantes *n'entendent nullement déroger aux restrictions faites dans le dernier alinéa de l'article Ier au sujet du droit d'acquérir et de posséder des biens immeubles ruraux.*

</td><td>

Art. Ier. — Il y aura réciproquement pleine et entière liberté de commerce et de navigation pour les bâtiments et les nationaux des deux Hautes Parties contractantes dans les villes, ports, rivières ou lieux quelconques des deux Etats dont l'entrée est actuellement permise ou pourra l'être à l'avenir aux sujets ou aux navires de toute autre nation étrangère.

Les Roumains en Russie et les Russes en Roumanie pourront réciproquement, en se conformant aux lois du pays, entrer, voyager ou séjourner en toute liberté dans quelque partie que ce soit des territoires ou possessions respectifs.

Ils pourront, dans toute l'étendue des deux territoires, exercer l'industrie, faire le commerce tant en gros qu'en détail, louer ou posséder des maisons, magasins, boutiques ou terrains qui leur seront nécessaires.....

Il est entendu toutefois que les stipulations qui précèdent *ne dérogent en rien aux lois, ordonnances et règlements* spéciaux en matière de commerce, d'industrie, *de police et de sûreté générale* en vigueur dans chacun des deux pays et applicables à tous les étrangers en général, et, en ce qui concerne la Roumanie, *aux lois et prescriptions relatives à la prohibition d'acquérir ou de posséder des biens immeubles ruraux.*

</td></tr>
</table>

OU PROJETÉES ENTRE LES PUISSANCES EUROPÉENNES ET LA ROUMANIE.

Projet allemand.	Projet italien.	Projet suisse.
Avril 1878.	*1878.*	*1878*
ART. Ier. — Il y aura réciproquement pleine et entière liberté de commerce et de navigation entre les sujets des deux Hautes Parties contractantes qui pourront, les uns et les autres, s'établir librement dans le territoire de l'autre pays.	ART. Ier — Il y aura réciproquement pleine et entière liberté de commerce et de navigation entre l'Italie et la Roumanie. Les sujets et les navires respectifs auront libre entrée dans les villes, ports, rivières ou autres lieux des deux Etats, dont l'entrée est actuellement permise ou pourra l'être à l'avenir	ART. Ier. — Les deux Hautes Parties contractantes se garantissent réciproquement
Les Allemands en Roumanie, et les Roumains en Allemagne pourront réciproquement, en se conformant aux lois du pays, entrer, voyager ou séjourner en toute liberté dans quelque partie que ce soit des territoires respectifs....		
Ils pourront, dans toute l'étendue des deux territoires, exercer l'industrie, tant en gros qu'en détail.		
ART. II. — Pour ce qui concerne le droit d'acquérir, de posséder, ou d'aliéner toute espèce de propriété mobilière ou immobilière, les Allemands en Roumanie et les Roumains en Allemagne jouiront des *droits des sujets de l'Etat le plus favorisé.*		
Ils pourront dans ces limites et sous les mêmes conditions que *les sujets de l'Etat le plus favorisé,* en faire l'acquisition et en disposer, par achat, vente, donation, échange, contrat de mariage, testament, héritage ou de quelque autre manière que ce soit...	*aux sujets ou aux navires de toute autre nation étrangère.*	*le traitement de la nation la plus favorisée* en tout ce qui concerne l'importation, l'exportation et le transit. Chacune d'elles s'engage à faire profiter l'autre de toute faveur, privilége ou abaissement des droits à l'importation, à l'exportation ou au transit, *qu'elle pourrait accorder à une tierce Puissance.*

III. Débats du Reichstag allemand

Concernant la convention commerciale avec la Roumanie

Traduit d'après le compte rendu sténographique officiel, p. 1312

Séance du 14 mai 1878

Présidence de M. le Dr de Forckenbeck, président.

. . . .
. . . .

M. le Président. — M. le député Lasker a la parole.

M. le député Dr Lasker. — Messieurs, j'interromprai, mais pour quelques instants seulement, la discussion de politique commerciale ouverte par l'honorable préopinant, pour vous entretenir d'une matière qui, bien que ne rentrant pas dans ces grandes questions, n'en aura pas moins, je l'espère, les sympathies de la Chambre.

En effet, suivant une opinion qui prévaut, ce traité n'assurerait pas l'égalité des droits à tous les citoyens de l'Empire d'Allemagne, et en priverait une partie de ses citoyens. J'ai eu peine à croire que le Gouvernement allemand conclurait jamais un traité qui serait en contradiction flagrante avec la situation constitutionnelle de l'Empire d'Allemagne. J'ai donc parcouru le traité d'un bout à l'autre avec la plus grande attention et examiné les passages où il est question des citoyens et des droits qui leur sont conférés, et je n'ai trouvé nulle part l'indice qu'une semblable distinction eût été faite.

Messieurs, je ne veux point compliquer la question, mais je crois que le Gouvernement allemand est en mesure de donner des explications pour son compte. Aussi ma question se bornera-t-elle à demander au Gouvernement quel sens il donne au traité. Si son opinion n'est pas celle dont j'ai eu l'impression, il est absolument nécessaire de le déclarer au Parlement, afin que celui-ci juge si un semblable traité, même très-avantageux à la majorité des citoyens, doit se conclure, alors qu'il reposerait sur des principes incompatibles avec la Constitution de l'Empire allemand.

Je le demande donc: le Gouvernement interprète-t-il le traité que nous avons sous les yeux de telle façon que dans sa pensée il ait pour objet, dans toutes ses parties sans exception, d'assurer les mêmes droits à tous les citoyens allemands?

À cette question, j'en rattache une autre : S'il arrive que le point auquel je fais allusion donne lieu à une divergence de vues sur le sens du traité entre les deux parties contractantes, le Gouvernement allemand repousserait-il toute justification ou interprétation du traité fondée sur une distinction entre les citoyens de l'Empire d'Allemagne à raison de leur confession religieuse ; car ce dont je veux parler, c'est précisément de l'opinion exprimée çà et là que ce traité distinguerait entre les sujets allemands de religion chrétienne et les sujets allemands de religion juive. Je dois franchement avouer que, pour ma part, je ne croirai jamais que le gouvernement allemand pût conclure un semblable traité, et s'il le faisait, il me serait impossible, tout en restant exempt de toute préoccupation d'intérêt particulier, d'y donner mon approbation. Mais comme je n'ai pas trouvé dans le texte du traité la confirmation de l'opinion qui m'a été donnée hors de cette enceinte, il dépendra naturellement des déclarations du Gouvernement allemand de me donner sur ce point une opinion contraire à celle que je suis fondé à me former d'après les pièces et textes du traité.

M. DE BULOW, *délégué plénipotentiaire auprès du Conseil fédéral, secrétaire d'État des Affaires étrangères, ministre d'Etat*. — Messieurs, l'orateur qui m'a précédé a appelé les sympathies de la Chambre sur les motifs et l'objet de la question qu'il a faite. Je dis tout d'abord que les sympathies du gouvernement impérial se meuvent sur le même terrain et se proposent le même but. Je ne veux pas plus que l'orateur précédent entrer dans la question de politique commerciale qui a été soulevée ici. Je pense que les discussions qui peuvent avoir lieu à ce sujet montreront sans aucun doute et plus clairement encore, comme à ma grande satisfaction on l'a déjà reconnu, que cette convention est avantageuse, utile et nécessaire. Mais il faut que j'examine de plus près l'autre question, celle qui a été soulevée par l'orateur précédent, afin de préciser l'attitude du Gouvernement, et j'espère que les éclaircissements qui seront donnés, devenant un peu plus complets et moins réservés, seront en état de convaincre MM. les orateurs précédents que rien n'appuie l'hypothèse que le Gouvernement allemand aurait méconnu, affaibli ou mis en danger le principe invoqué par le préopinant.

Le traité dont il est question aujourd'hui a été négocié depuis longtemps. Il a aussi une grande importance pour nos relations extérieures. Les autorités qui ont à s'occuper de questions de politique commerciale nous le demandaient ; le ministère des affaires étrangères a, de son côté, accueilli très-volontiers les négociations, et lorsque, il y a environ quatre ou cinq ans, on a soulevé la question de savoir si un pareil traité devait être conclu, le ministère a eu principalement en vue de donner, par la signature d'un traité de commerce, un appui à la principauté de Roumanie à laquelle la Porte contestait le droit de traiter appartenant à des États souverains. C'est dans ce sens que l'Allemagne a ouvert des négociations en même temps que la Russie et l'Autriche. Plus tard, lorsque la question se développa, nous avons été confirmés et fortifiés dans le désir de seconder la Roumanie et en même temps de donner à notre commerce d'exportation et à notre industrie cette situation sûre que les négociations nouées en Roumanie par d'autres Gouvernements, la grande concurrence, le tarif douanier plus élevé que la Roumanie se proposait d'établir, rendaient de plus en plus nécessaires. Mais, au début des pourpalers, nous rencontrâmes une grande difficulté.

Depuis la Convention de Paris qui a fondé la Roumanie, l'ancienne Moldavie et Valachie, la législation et la constitution roumaines, la Chambre le sait, ont introduit certaines dispositions qui sont, par conséquent, constitutionnelles, et d'après lesquelles les Moldo-Valaques proprement dits sont seuls considérés comme citoyens dans le vrai sens du mot ; les Roumains de confession israélite sont toujours considérés comme étrangers et n'ont par conséquent pas les droits politiques que possèdent les Roumains conformément à la Constitution. De là est sortie, peu à peu, en se développant, une certaine oppression des israélites, réalisée par des règlements, ordonnances de police sur le droit de séjour, et autres restrictions qui, d'après ce que j'ai entendu, sont maintenant abolis en partie, mais suffisent encore toujours à donner lieu à des plaintes. Lorsque nous commençâmes les pourparlers, notre première demande a été simplement celle qui répond complétement au principe mis en avant par M. le Dr Lasker et tendant à ce qu'aucune de ces restrictions ne fût appliquée aux israélites allemands. Le gouvernement impérial partage entièrement cette opinion que l'Allemand à l'étranger doit, comme tel, sans aucune distinction de religion, avoir et pouvoir réclamer les droits qui lui sont assurés par la Constitution de l'empire, par l'esprit et le sens de cette constitution, comme par des lois spéciales. Tout Allemand, en qualité d'Allemand, suivant la fin du 3me article de la Constitution de l'Empire, a le droit absolu de réclamer la protection de l'Empire, en tenant compte, bien entendu, de l'organisation et de la situation du pays auquel nous avons affaire. Nous ne pouvons pas nous attendre, soit en Amérique, soit dans certains pays d'Europe, à ce que les principes, les lois et garanties que nous donnons comme un palladium à nos nationaux dans tout l'empire, soient appliqués partout directement et complétement. Nous avons rencontré dans divers pays, des traditions de mauvaise nature, du fanatisme, des injustices habituelles, auxquelles sont en butte soit des protestants, soit des israélites, soit d'autres, et nous ne pouvons que nous borner à souhaiter et à espérer que nous viendrons peu à peu à bout, en ce qui nous regarde, des faits de ce genre. Nous avons vu, hélas ! dans cette circonstance, que ce qui serait à souhaiter au point de vue du droit ne peut pas être atteint si vite et si facilement. Un État souverain maintient sa manière de voir. Néanmoins nous avons conclu divers traités utiles, même avec des pays où l'on ne peut obtenir une satisfaction complète. Il faut prendre les choses comme elles sont, en nous préoccupant surtout de ce qui est le plus important.

Dans cette question roumaine il fallut nous arrêter lorsque nous eûmes fait et maintenu pendant deux ans la proposition de nous donner la complète garantie de l'égalité de tous les Allemands et que cette proposition fut rejetée, non pas à cause des israélites allemands, et encore moins au nom de principes généraux, mais au nom de la situation et des circonstances toutes spéciales dans lesquelles se trouve ce pays. Il y a, en Roumanie, environ 700 juifs allemands, 36,000 juifs d'origine gallicienne; en outre, il s'y trouverait, si je suis bien informé, environ 200,000 juifs indigènes, qui tous sont traités comme étrangers. On nous disait : « Nous ne pouvons pas vous accorder cela, nous le pouvons d'autant moins que cela aurait des effets dont notre pouvoir, la puissance gouvernementale, ne serait pas maître. Il nous sera impossible de faire cela, mais nous demandons au contraire de vous que vous reconnaissiez notre législation comme valable pour l'Allemagne ». Les choses en restèrent là pendant deux ans, après quoi on finit par déclarer que dans ces conditions la convention ne serait pas possible. Là-dessus, nous avons, l'été dernier, cherché un arrangement, un compromis, qui est maintenant sous vos yeux dans la convention, et principalement dans la rédaction de l'article 2, et où on s'est abstenu absolument de toucher à cette question de savoir si la confession religieuse de l'étranger amènera une différence relativement aux droits auxquels il peut et doit prétendre, relativement à la protection que lui accorde le pays. Cette question a ainsi été écartée. Nous n'avons pas reconnu, pas justifié, pas concédé ce qui serait contraire à nos principes, nous avons simplement dit que nous concluons le traité sur le principe des nations les plus favorisées. Les droits que nous avions, que d'autres ont acquis ou pourront acquérir, nous les aurons aussi. Par là, d'après notre conviction, nous n'avons, dans cette convention, en signant avec la Roumanie l'article 2, fait dépendre en aucune façon de la confession religieuse la juridiction concernant les droits des sujets allemands vivant dans ce pays ; nous n'avons ni justifié, ni, en ce qui nous regarde, concédé rien de pareil. En tant que l'interpellation, dont je reconnais entièrement la rédaction modérée, vise les effets, le contenu de ce traité, les conséquences qui peuvent être tirées de ce traité, au texte duquel je dois me référer, je n'hésiterais pas à y répondre par l'affirmative, absolument et franchement, comme j'ai dit que je répondrais. A la vérité, je suis obligé d'ajouter que je ne peux pas donner de garantie que, par le fait de l'autre partie et parce que la situation est en fait ce qu'elle est, il ne pourra pas y avoir une fois des difficultés, mais je puis dire, avec la même franchise et certitude, que dans ce cas le gouvernement allemand, de son côté, maintiendra entièrement tous les droits qui découlent du traité ou qui existaient avant le traité et qu'il en prendra la défense.

Je suis, par conséquent, persuadé, messieurs, que si vous approuvez ce traité, ce grand principe que je reconnais entièrement et contre lequel, à mon avis, le Gouvernement n'a ni le droit ni l'intention de conclure un traité, — je suis persuadé que si vous acceptez ce traité, la situation de nos compatriotes israélites, quel que soit leur nombre en Roumanie, ne deviendra pas plus mauvaise qu'auparavant, mais plutôt meilleure. Je suis confirmé, en ce moment, dans cet espoir par cette considération que, l'Allemagne étant désintéressée et bienveillante à l'égard de ce pays, nos relations, en somme, ont été très-bonnes ; que toutes les demandes que nous avons présentées ont toujours été prises en considération ; que dans les dernières six années il ne s'est élevé dans ce pays qu'une seule réclamation en faveur d'un israélite, et que le règlement en a été absolument conforme à nos propositions. Je suis fortifié encore davantage dans cet espoir par la conviction que ce pays, qui, après une oppression séculaire vient d'acquérir, à la suite d'une lutte pénible et glorieuse, cette indépendance qui est le fondement indispensable de l'existence politique et morale d'un État, reconnaîtra, non pas tout d'un coup, sans doute, et en sacrifiant quelque chose à son autonomie dans un traité et dans les matières de cette nature, mais peu à peu, que si une nation veut entrer dans le concert des États européens avec une autonomie également justifiée, il doit avant tout mettre fin à cette mauvaise situation qui exclut précisément cette égalité. Je pense qu'il n'est pas possible que ce pays, dont tous les citoyens viennent de combattre, sans distinction de religion, pour leur indépendance, ne vienne pas à bout de préjugés traditionnels et de difficultés que nous n'avons pas le droit de juger en eux-mêmes, mais qui, dans certaines circonstances, jettent aussi leur ombre et leur fâcheuse influence sur les étrangers, qu'il n'en vienne pas à bout en réglant cette situation d'une manière sage, modérée et exempte de prévention. J'en suis d'autant plus persuadé que nous voyons déjà quelques faits dont nous sommes très-heureux et qui montrent la possibilité de faire avancer cette œuvre. En ce qui regarde la convention, je veux ajouter que la convention autrichienne, qui contient, comme on sait, certaines concessions, a eu l'avantage de faire monter la valeur des biens et des terrains urbains, parce que *tous* les citoyens étrangers en Roumanie peuvent maintenant acquérir des maisons (1). Ce ne sont là que de petits signes précurseurs, mais je suis persuadé qu'en Roumanie même, on en viendra dans quelques années, à ne plus élever de doutes sur les droits des étrangers.

Quoi qu'il en soit, je le répète, je suis persuadé que le gouvernement allemand a le devoir et la volonté de faire valoir son droit, de défendre ce grand principe de l'égalité légale et constitutionnelle de toutes les confessions devant la loi dans les pays dont l'organisation définitive sera peut-être très-prochainement réglée et est attendue par l'Europe. L'occasion s'offre d'elle-même, elle viendra bientôt, et le Gouvernement de l'Empire s'appliquera à en profiter. Quels sont les principes qui nous guideront dans cette circonstance, je prendrai la liberté de le montrer par la réponse qui a été adressée le 28 février aux administrations des nombreuses communautés israélites qui, dans des circonstances analogues, je veux dire au sujet de la situation regrettable de leurs coreligionnaires dans divers pays antérieurement plus ou moins dépendants de la Turquie, se sont adressées à nous. Je leur ai répondu au nom du chancelier de l'Empire :

« Son Excellence a pris connaissance avec intérêt de la teneur, et » m'a chargé de vous répondre respectueusement ce qui suit : M. le » chancelier de l'Empire profitera volontiers, comme il a fait jusqu'à » présent, de toute occasion propice pour mettre en acte son désir de » voir s'accomplir les vœux exprimés dans votre pétition. Il est sans » doute difficile de prévoir à quelle époque précise la tentative d'une » pareille action pourra être faite ; mais si les délibérations de la con- » férence dont il est question dans les négociations de paix actuelles » offrent cette occasion, le plénipotentiaire allemand appuiera tous les » efforts qui auront pour but de procurer aux adhérents de quelque » religion que ce soit dans les pays en question, les mêmes droits et » libertés que la Constitution leur garantit en Allemagne. »

L'occasion, comme je l'ai dit, viendra sans doute bientôt. La voie que le gouvernement impérial allemand aura alors à suivre est tout indiquée. Il sera heureux de profiter de cette occasion, s'il s'élevait encore en Roumanie, — ce que je ne pense pas, je l'ai dit, — des difficultés tirées de l'imperfection des lois intérieures concernant la situation de ce pays et la question de savoir jusqu'où va le droit de

---

(1) Cette concession faite, en effet, par le traité avec l'Autriche a été continuellement méconnue par les tribunaux roumains, qui ont refusé d'autoriser les israélites austro-hongrois à acquérir des maisons dans les villes. (*Note du traducteur.*)

règlement (1), etc.; si des sujets allemands devaient en être atteints, nous serons doublement obligés d'accomplir un devoir que nous accepterons volontiers à tous les points de vue et qui, nous l'espérons, atteindra le but.

M. le député DE KARDOFF. — Je doute beaucoup que les déclarations que nous venons d'entendre de la bouche du secrétaire d'État au sujet du texte du traité puissent tranquilliser, comme j'aurais souhaité qu'on l'eût fait, les coreligionnaires de M. Lasker, dont celui-ci a défendu les intérêts. Je fais remarquer que l'article 1er du traité dit expressément que les Allemands jouiront, en Roumanie, « pour leurs personnes et leurs biens, de la même protection et des mêmes garanties que les indigènes ». Or nous venons d'entendre de la bouche de M. le Ministre que les indigènes de ce pays ont à la protection une part très-inégale, c'est-à-dire que les israélites ont une protection très-inférieure à celle des Roumano-Valaques. Je crois donc que provisoirement nos israélites allemands qui iront en Roumanie seront obligés de se soumettre aux dispositions que les lois roumaines prescrivent maintenant aux juifs, et celles-ci, à ce que je crois, ne sont pas très-agréables. M. le ministre a indiqué que cette situation pourrait prendre fin lorsque, en suite de l'article 2, de nouvelles conventions seraient conclues avec d'autres États, c'est-à-dire avec l'Angleterre et sans doute avec la France, qui poursuivraient le même but que nous. S'il en est ainsi, je l'avoue, j'aurais trouvé bon que l'on eût attendu, pour conclure le traité avec la Roumanie, jusqu'à ce que, de notre côté, nous eussions pu assurer à nos sujets allemands en Roumanie, qu'ils aient la religion qu'ils voudront, les droits auxquels tout Allemand peut prétendre à l'étranger, quelle que soit leur religion.

(L'orateur parle ensuite des questions commerciales soulevées par leur traité.)

M. le député Dr BAMBERGER. — Messieurs, je suivrai le bon exemple de M. de Kardoff de ne pas trop enfler, à l'occasion de ce traité de peu d'importance, toutes les questions qui s'y rattachent plus ou moins directement.

Quant au traité lui-même, j'écarterai avant tout la question politique qui est plus importante, et dont mon ami Lasker, si je suis bien informé, s'occupera encore, si une réponse à la déclaration de M. le représentant du ministère des affaires étrangères devient nécessaire. Je me contenterai d'examiner, encore un instant, le côté politico-commercial de la question.

---

(1) Que le Gouvernement roumain s'est réservé dans les traités de commerce. (*Note du traducteur.*)

Messieurs, nous avons conclu ici un traité à l'exemple de l'Autriche, dont le traité a servi de base à celui-ci, et quant à la valeur de cet acte, nous pouvons invoquer ce précédent qu'en Autriche on discuta très-vivement la question de savoir si ce traité devait, ou non, être considéré seulement au point de vue politico-commercial, et que l'Autriche, qui est si près de la Roumanie et avait, à conclure le traité, un intérêt beaucoup plus direct que nous, s'est finalement déclarée d'accord, dans la Chambre des députés, que le traité devait être admis. Nous avons même, comme il est facile de le voir dans notre Mémoire, acquis encore par surcroît quelques avantages. D'un autre côté, il ne faut pas nous féliciter trop vivement qu'on nous ait fait quelques concessions, car M. le secrétaire d'État des affaires étrangères l'a déjà déclaré, en concluant ce traité, nous avons, dans tous les cas, offert à la Roumanie, au point de vue politique, un cadeau d'une très-grande importance. D'après les capitulations en vigueur et d'après toutes les règles des relations internationales, il était au plus haut point douteux si la Roumanie avait ou non le droit de conclure un pareil traité. La Porte le nia ; l'Angletérre, dans le temps, le nia aussi très-vivement, et la preuve que ces doutes ne sont pas encore si complétement résolus pour nous-mêmes, c'est que nous n'avons pas conclu un traité, mais une convention, ce qui, au fond, ne fait pas une grande différence, mais est cependant significatif justement pour la position que nous prenons au sujet de l'indépendance politique de la Roumanie. Dans tous les cas, nous avons rendu à la Roumanie un grand service politique en ce que, justement nous, l'Empire allemand, nous lui avons reconnu, en grande, partie le droit de conclure une pareille convention, et c'est pourquoi je suis d'avis que nous n'avons pas été récompensés à l'excès sur le terrain politico-commercial. Il faut qu'à cette occasion je vous rende attentifs à un point qui joue un grand rôle dans tout le traité. La Roumanie a pris position en disant : Quiconque ne conclura pas de traité de commerce avec moi sera dorénavant traité suivant un tarif qui lui fera une situation beaucoup moins favorable que le traité en vue. Autrefois ce tarif, dit autonome, consistait en ce qu'on percevait un droit de douane, en général de 7 0/0 *ad valorem*. C'est ce droit que la Roumanie, lorsqu'elle conclut le traité avec l'Autriche, annonça qu'elle changerait après entente commune, en un tarif spécifique, parce que, comme on le prétendait, la perception du droit de douane avait donné lieu à beaucoup de chicanes. Le tarif spécifique fut fait, et on déclara qu'il entrerait en vigueur en octobre de l'année dernière et que ceux qui consentiraient à conclure un traité de commerce avec la Roumanie auraient l'avantage de ne pas subir les conditions plus dures de ce tarif. Mais de pareilles conventions, l'Angleterre et la France, par exemple, n'en ont pas encore conclu. Dès le premier moment, j'ai douté que la Roumanie pût se décider réellement à traiter moins favorablement que nous ces États qu n'avaient pas encore conclu de convention. Tout à coup, on annonça que le tarif roumain, autonome spécifique, ce tarif attendu et menaçant, avait réellement paru. Il fut même publié dans les Archives du Commerce de Prusse, auxquelles renvoie notre Mémoire. On avait même fixé un délai qui devait expirer ces jours-ci, et au bout duquel ce tarif devait entrer en vigueur, et devait, par conséquent, être appliqué à l'Angleterre et à la France. Mais ces jours-ci, j'ai lu, sans en être grandement surpris, dans les journaux, que la Roumanie avait cru bon d'ajourner à nouveau l'application de son tarif spécifique. Cela veut dire que ce tarif autonome n'est qu'un épouvantail dont on ne cherche pas à faire sérieusement usage, et c'est là un point très-important. Je ne veux pas faire aujourd'hui de longue excursion, mais laissez-moi indiquer ceci en passant : Si on nous conseille souvent de fixer des droits d'importation élevés, afin d'obtenir de bonnes conditions dans les conventions commerciales, et d'obliger ainsi les autres à ramper devant nous et nous offrir des concessions, on s'égare sur le même terrain de l'illusion que les Roumains. Un pays qui ne veut pas se ruiner pour le seul plaisir de contrarier ses voisins, est obligé de faire les tarifs qui répondent le mieux à ses propres besoins et aux nécessités de cette matière, et un tarif inventé uniquement pour extorquer des concessions est inapplicable à la longue. C'est pourquoi ce tarif qui est mis là seulement comme enseigne n'a aucune valeur, il ne sera probablement pas appliqué à l'Angleterre et à la France et, pour moi, ce n'est pas une concession qu'on l'ait mis de côté pour nous. Je suis sûr aussi, étant donnée l'inclination des Roumains pour la France dont a parlé M. le député de Kardoff et leur éloignement pour l'Allemagne, qu'ils ne nous feraient *jamais* une concession qu'ils ne feraient pas à la France.

(M. le Dr Bamberger continue à parler du traité au point de vue commercial).

M. LE PRÉSIDENT. — M. le député Valentin propose de clore la discussion.

(Cette propositon est adoptée par assis et levé.)

M. LE PRÉSIDENT. — J'invite les membres qui veulent clore la première délibération à se lever.

La majorité se prononce pour la clôture, la première délibération est close.

Je dois maintenant demander à la Chambre si la pièce, c'est-à-dire la convention de commerce entre l'empire allemand et la Roumanie, doit être renvoyée à une commission.

(Ce renvoi n'est pas prononcé.)

M. LE PRÉSIDENT. — Nous commençons donc la seconde délibération, que je déclare ouverte.

J'ouvre la discussion sur l'article 1er. Personne ne demande la parole, la discussion est close. Personne ne demande le vote, il n'y a pas d'opposition, je constate que l'article 1er est adopté en seconde délibération.

J'ouvre la discussion sur l'article 2.

M. le député DE KARDOFF. — Je veux seulement faire remarquer que dans cet article 2 il est question du droit des États les plus favorisés et, à cette occasion, dire ce que j'avais omis. A mon avis, le Gouvernement allemand pourrait s'arranger d'une façon très-simple avec le Gouvernement roumain, sans conclure précisément ce traité qui m'inspire des doutes qu'on n'a pas levés. Je crois que le Gouvernement allemand était en situation de dire au Gouvernement roumain : En ce moment, et pour diverses raisons, nous ne sommes pas en état de conclure un traité de commerce avec vous, mais nous sommes prêts, dans la supposition que vous ferez la même chose, à vous accorder le traitement de la nation la plus favorisée tant pour les personnes que pour les marchandises. Je crois que le Gouvernement roumain aurait été parfaitement en état d'accepter une pareille proposition, — qui n'aurait pas été précisément un traité, — sans persister à conclure un traité de commerce pareil qui, à mon avis, contient des dispositions très-discutables... Dans l'état actuel de la question, et puisque le Gouvernement n'a pas déclaré que le traité a pour lui une très-haute importance politique, je me vois obligé de voter contre le traité.

M. le député Dr LASKER. — Messieurs, je suis obligé de revenir sur le sujet que j'ai traité lors de la première lecture. Je ne veux pas, à la vérité, exprimer l'opinion que paraît indiquer un billet que j'ai trouvé à ma place :

> C'est peine perdue de parler beaucoup pour refuser,
> L'autre n'entend de tout cela que le Non.

Je n'ai pas eu cette impression, mais je dois dire avec franchise que je n'ai pas saisi clairement ce que la réponse (du Gouvernement) devait nous expliquer, et cela est d'autant plus important pour moi, que je pense que la Chambre pourrait se trouver dans la nécessité — et je ferai mon possible pour l'y mettre — de donner elle-même une interprétation du traité et de dire dans quel sens elle l'approuve, si toutefois il ne nous est pas donné sur ce point une réponse claire par le Gouvernement. M. le député de Kardoff a très-bien fait ressortir ce point, que l'intérêt que présente, au point de vue politico-commercial, le traité avec la Roumanie n'est pas d'une si grande portée qu'on a bien voulu le dire de certains côtés. L'importance de ce traité est dans sa signification politique. Mais quand même un très-grand intérêt serait en jeu, je serais pourtant d'avis qu'il ne convient pas à un grand État comme l'État allemand de sacrifier un de ses principes fondamentaux à un autre État quand il s'agit de régler avec cet État des dispositions contractuelles.

Je dois exprimer pleinement tous mes remercîments pour les sentiments mis au jour par M. le ministre, au sujet de la question qui a été soulevée, et je pense qu'en beaucoup de lieux on sera heureux de sa déclaration que, dans une occasion propice, l'Allemagne s'emploiera de tout son poids pour établir en Roumanie cet État de choses qu'on appelle généralement l'état civilisé. Mais, messieurs, je ne demande pas qu'un Gouvernement, pour des raisons d'humanité, aille exiger quelque chose d'un autre État, s'il ne pense pas que le moment propice soit arrivé. C'est pourquoi je me suis toujours abstenu de demander au Gouvernement allemand une déclaration par laquelle il s'engagerait à faire modifier en Roumanie la situation de mes coreligionnaires.

Mais la question est tout autre lorsque nous concluons nous-mêmes un traité, lorsque nous avons par conséquent à décider de la situation de nos propres nationaux en pays étranger. Nous pouvons bien, je pense, nous passer de traité, et dans ce cas, nous sommes obligés de nous résigner à ce que les lois du pays soient applicables à ceux d'entre nous qui y sont; mais dans l'état actuel de la question, il faut pourtant bien que le Gouvernement sache clairement si, à son avis, — je ne dis pas selon l'avis du Gouvernement roumain — le traité assure un droit égal à tous les allemands ou permet la possibilité d'un traitement inégal. Dans ce dernier cas, que j'ai également bien précisé dans mon interpellation, et où le Gouvernement roumain chercherait à justifier cette inégalité par la situation confessionnelle des citoyens de son pays, il faut savoir si le Gouvernement allemand accepterait ceci comme une excuse admissible. Sur cette question aussi il est nécessaire que le Gouvernement allemand soit complétement fixé. S'il est d'avis que même d'après sa propre interprétation le traité permet un traitement inégal, ce traité est pour moi inadmissible et je ne serais pas même consolé par cette déclaration du ministre que, par le traité, la situation des israélites allemands n'est pas devenue plus mauvaise qu'elle ne l'était auparavant. Personne au monde n'a eu ce soupçon que le Gouvernement allemand pût conclure un traité par lequel la situation des sujets allemands deviendrait encore plus mauvaise dans ce pays, il s'agit seulement de savoir si, dans un cas de conflit, le Gouvernement allemand déclarera qu'il n'accepte pas cette excuse. Laissez-moi donner à cela la forme de la politique pratique. Le Gouvernement roumain a peut-être eu besoin de déclarer devant sa Chambre, pour faire accepter le traité, qu'il n'a fait aucune concession au sujet des juifs, — il est bien possible qu'en Roumanie la situation soit telle. Le Gouvernement dit radical se croit obligé de faire ressortir un pareil acte de civilisation méconnue, pour faire passer un autre acte, — mais alors il faudrait qu'après l'échange des conventions et les déclarations claires du Gouvernement allemand, le Gouvernement roumain sût bien, *avant* la ratification du traité, qu'il s'expose en conséquence à un conflit entre l'Allemagne et la Roumanie. Je n'ai pas à me prononcer sur les moyens à l'aide desquels le Gouvernement allemand réglera ce conflit, car nous n'avons pas à nous mêler de cela. Ici le Gouvernement, qui porte la responsabilité des relations extérieures, a la main libre et il saura bien à quel moment et comment il voudra faire valoir ses réclamations.

C'est là ce qu'il faut que le Gouvernement roumain sache bien et il ne pourra plus objecter au Gouvernement allemand qu'il aurait conclu le traité après des débats tout différents. Je ne veux pas exprimer le vœu ou demander formellement que l'on fasse une rédaction qui oblige le Gouvernement roumain lui-même à accepter cette interprétation et lui enlève jusqu'à un certain point les prétextes qu'il peut présenter à sa Chambre. Ce n'est pas là mon affaire, je n'ai à faire qu'à notre Gouvernement, c'est à lui que je demande s'il est possible que M. le ministre puisse déclarer clairement et nettement si le Gouvernement allemand, d'après sa propre interprétation, garantit par ce traité l'égalité complète des citoyens et, en cas de conflit, défendra cette égalité. Si on nous donne cette déclaration, tout le reste, je n'en doute pas un instant, s'arrangera parfaitement; si au contraire on ne la donne pas, nous avons à nous demander si nous voulons accepter le traité ou l'accepter avec une clause additionnelle qui nous protége contre une interprétation opposée.

M. DE BULOW, *délégué plénipotentiaire auprès du Conseil fédéral, secrétaire d'état aux affaires étrangères, ministre d'État.* — Dans ma déclaration précédente j'ai exposé les vues et exprimé les intentions qui ont inspiré le Gouvernement dans cette question importante. J'ai fait ressortir surtout qu'en ce qui concerne la question de principe, le Gouvernement profitera de la première occasion propice pour appeler les choses par leur nom, de la conférence qui règlera la situation de la Roumanie et la mettra en harmonie avec les vœux et les droits de ce pays ami de l'Allemagne, le Gouvernement profitera volontiers de cette occasion pour contribuer à une solution satisfaisante de la question. Je suis parti de cette idée que les négociations d'un traité de commerce ne sont pas, à mes yeux, une bonne occasion de s'employer à la solution d'une question qui ne nous regarde pas seuls, pas seulement la situation de nos citoyens, pas seulement la question de principe soulevée ici. Cela ne s'accorderait pas avec la connaissance que nous avons acquise de la situation, ni avec l'expérience que nous avons faite pendant les négociations, qui ont été conduites des deux côtés avec bonne volonté; cela est rendu impossible par cette seule circonstance que le sujet comprend des questions qui sont fondées sur des traités généraux européens, principalement le traité de Paris, qui sert de base aux principautés, à cette principauté de Roumanie et à sa constitution. Ces questions ont leurs racines dans ces traités et ne peuvent pas être réglées pour ainsi dire accessoirement dans un traité de commerce. Si je n'avais à m'engager envers M. le député ou envers la Chambre qu'au nom du Gouvernement allemand, vous comprenez bien que je dirais de suite que j'accorde simplement tout ce que l'orateur précédent demande de moi. J'ajouterais ensuite que par le traité, je le répète, nous n'avons fondé, reconnu, introduit pour nos nationaux, quelle que soit leur religion, aucun droit, aucun devoir, aucun préjudice, aucune infériorité. Comme on ne me met pas seulement en face de l'honorable Chambre en ce moment, mais aussi en face du traité et de son avenir, en face des négociations qui pourront encore être ouvertes à l'avenir, et en face de cette question de savoir quel résultat l'Allemagne peut atteindre lorsqu'elle aurait à réclamer dans un cas spécial, je ne suis pas en état d'en dire davantage et je dois m'en référer à ce que j'ai dit précédemment, en répétant seulement cette assurance que pendant les sept années qu'a duré la situation actuelle, nous n'avons produit aucune réclamation qui n'ait reçu une suite favorable, et que dans ce traité que nous recommandons à votre acceptation, il n'y a rien qui puisse faire qu'à l'avenir, dans chaque cas particulier, nous n'obtenions pas le même heureux résultat. Je crois aussi que par rapport à la situation de fait, que je ne conteste pas, par rapport aux circonstances telles qu'elles sont créées par le concours de causes diverses, profondes et défavorables, le traité, je l'ai dit après mûre réflexion, nous met dans une situation meilleure qu'auparavant; car précisément parce qu'on a reproché au traité de nous apporter des préjudices, des dangers, de nous lier envers le Gouvernement roumain, j'ai eu le droit et aussi, j'en suis convaincu, le devoir de dire : Non, notre situation n'est pas plus mauvaise, mais, au contraire, meilleure dans une certaine mesure, dans tous les cas la même au moins qu'elle était auparavant, notre action est libre, notre droit précieux et notre devoir de protéger les allemands en Roumanie ne sont pas changés et nous les protégerons selon les circonstances. Mais nous ne pouvons pas modifier à ce point la situation, nous ne pouvons pas changer d'un coup les fondements sur lesquels reposent toutes les relations des indigènes roumains avec les juifs et avec les étrangers en général, de telle sorte que je puisse donner ici au nom du Gouvernement allemand une déclaration qui résolve entièrement la question, car alors elle aurait été depuis longtemps résolue pendant ces deux dernières années, car la bonne volonté n'a pas manqué. Nous devons prendre la situation de fait telle qu'elle est, et avoir l'assurance que, pour les raisons que j'ai eu l'honneur d'exposer, nous arriverons peu à peu à ce résultat qu'aucun Allemand, de quelque religion qu'il soit, ne subira aucune injustice, et que

le Gouvernement allemand y pourvoira autant qu'il pourra. La situation
de fait, telle qu'elle est, a été reconnue par tous les États européens, même
d'autres États qui n'ont pas encore conclu de traité, mais en concluront
un bientôt. Si on a dit plus haut que certains États souhaitent de
conclure un traité et que l'époque où le tarif plus élevé entrera en
vigueur a été ajournée, cela s'est fait précisément pour les États qui,
comme l'Angleterre, si je ne me trompe, prennent la situation de fait
comme existant déjà et la reconnaissent. C'est ce que nous avons fait
aussi, en écartant la question et en disant : Nous ne voulons pas accorder
ce point, nous ne voulons pas nous lier les mains, mais nous ne voulons
pas non plus renoncer à un traité qui est d'ailleurs très-désirable. Je
crois donc, messieurs, que malgré la haute valeur des objections qui se
sont produites, et malgré mon vif désir d'y répondre, je ne puis, dans
l'état actuel des choses, donner aucune autre assurance que celle que j'ai
déjà donnée.

M. le député Dr Lasker. — Permettez-moi de constater encore une fois
que je n'ai pas eu un instant la pensée de m'occuper de la manière dont
les Roumains traitent chez eux les israélites roumains. Toute ma question
se borne absolument à demander comment les sujets allemands doivent
être traités à l'étranger. Aujourd'hui on fera une différence pour les juifs,
demain dans un autre État européen pour les protestants, ailleurs encore
pour les sujets catholiques.

Pour la conclusion du traité, on demande que nous respections la constitution roumaine en ceci, que nous laissions, par convention, traiter
nos nationaux d'une façon inégale. Je pense que c'est une demande très-
légitime que je vous adresse la prière de bien éclaircir ce point et de
renvoyer pour cet objet le traité aux délibérations préparatoires d'une
commission. Après les explications qui ont été données ici, je ne crois
pas qu'il y ait un autre moyen d'obtenir plus de lumière sur cette
question.

M. le député de Kardoff. — Je me joins entièrement à la proposition
de M. le député Lasker, car il me parait, en effet, impossible et peu
convenable, pour la dignité de l'Empire allemand, qu'il conclue un traité
de commerce qui permette qu'on fasse à ses sujets mesure différente et
qu'on les traite d'une manière inégale. M. le député Lasker a fait remarquer très-justement qu'il ne s'agit pas seulement des juifs, il peut
arriver très-facilement qu'en Espagne, par exemple, la même situation
se reproduise pour les protestants. En Espagne il y avait encore tout
récemment des lois qui mettaient les protestants dans une situation
exceptionnelle et les traitaient avec une dureté extraordinaire. La même
chose peut arriver aux catholiques de l'empire allemand dans quelque
autre État. Il ne s'agit que de demander, c'est là toute la question,

et je crois que l'Empire allemand a le droit de demander que ses sujets allemands soient traités comme tels. Il a le droit et le devoir d'insister pour qu'en Roumanie les sujets de l'Empire allemand soient tous trai- tés de la même manière.

M. le député Dr Beseler. — Il me semble que la question est simplement de savoir si, dans cette circonstance, la loi rurale de Roumanie doit être modifiée. Pouvons-nous la modifier à cette occasion, j'en serai très-heureux ; ne le pouvons-nous pas à cette occasion, et d'après les déclarations faites à ce sujet je dois croire que cela n'est pas possible, — il m'est alors impossible de voir comment nous pourrons, par les délibérations d'une commission, arriver à un autre résultat que celui qu'on nous présente.

M. le député Dr Harnier. — Après la déclaration de M. le ministre, il est certain que, suivant le traité qu'on nous présente, les sujets allemands n'auraient pas l'égalité des droits. Or la Constitution de l'Empire proclame l'égalité des droits, nous n'avons pas de sujets de seconde catégorie (*très-bien !*). Nous serions donc obligés de refuser tout simplement notre voix au traité ! Mais comme d'un autre côté on ne peut méconnaître que, au point de vue matériel, le traité contient beaucoup de dispositions utiles, et comme il est, par conséquent, désirable d'amener une forme de négociation plus modérée, je trouve très-légitime la proposition de M. Lasker de renvoyer le traité aux délibérations préparatoires d'une commission, afin de l'amener ensuite à bonne fin soit encore dans cette session, soit même seulement, après que la situation sera entièrement éclaircie et les objections vidées, dans la session prochaine. J'appuie donc la proposition de M. Lasker.

M. le député Dr Lasker. — La négociation ne portera que sur un seul point. Si la commission se réunit immédiatement et si elle réussit à établir, d'accord avec le Gouvernement, une interprétation qui rende le traité admissible, nous trouverions pendant cette session encore l'occasion de délibérer sur le traité et de l'adopter.

M. le Président. — Personne ne demande la parole, la discussion est close.

La proposition de renvoi à une commission peut être faite en toute circonstance et à quelque moment que ce soit de la délibération. Je demande donc si la convention entre l'Empire allemand et la Roumanie doit être renvoyée maintenant aux délibérations préparatoires d'une commission. Si cette proposition est adoptée, je suppose que la Commission sera composée de 14 membres, à moins qu'on ne propose un nombre plus petit, 7 membres par exemple. (Cris : *sept !*). Messieurs on propose 7 membres, et ce chiffre me paraît suffisant. Si donc le renvoi à la commission est décidé, cette commission sera de 7 membres.

Que ceux qui sont d'avis que la convention entre l'Empire allemand et la Roumanie doit être renvoyée aux délibérations préparatoires d'une commission veuillent bien se lever. (*On se lève*). Le bureau est unanime que la majorité est pour la proposition. La convention est renvoyée à une commission de 7 membres.

IV. Extrait du rapport de m. Demètre Stourdza, rapporteur de la commission du Sénat roumain

Sur la convention avec l'Allemagne.

La convention commerciale avec l'Allemagne est la troisième présentée aux débats du Parlement roumain.

Les bases et les dispositions de cette convention sont identiques à celles des conventions conclues avec l'Autriche-Hongrie et la Russie. Elle maintient le principe de la nation la plus favorisée et établit d'une manière indubitable la plus complète réciprocité entre les deux pays, tout en respectant les dispositions législatives particulières à chacun d'eux. En réponse à la question adressée à M. le ministre des affaires étrangères par M. St. Sendrea, savoir si l'omission dans la présente convention de l'alinéa 2, article 1er, de l'acte additionnel de la convention austroroumaine, et de l'alinéa 4, article 1er, de la convention russo-roumaine, a pour effet d'abroger les dispositions des lois, règlements et ordonnances spéciales en matière de commerce, d'industrie, de police et de sûreté publique, applicables à tous les étrangers, M. le ministre a déclaré que par la présente convention on n'a pu abroger aucune des dispositions de ces lois, règlements et ordonnances, attendu que c'est le propre des droits de souveraineté de chaque État de légiférer et de réglementer en matière de police et de sûreté générale.

V. Discussion de cette convention dans le Sénat roumain

Séance du 15 avril 1878.

M. D. Stourdza donne lecture de son rapport sur la convention commerciale avec l'Allemagne.

M. D. Bratiano, *vice-président.* La discussion générale est ouverte.

M. N. Voinov. Messieurs, je relève dans le rapport qu'au sein de la commission M. St. Sendrea a soulevé une objection contre cette convention.

Nous savons tous que les conventions avec l'Autriche-Hongrie et avec la Russie contiennent des articles spéciaux additionnels par lesquels on fait reconnaître le maintien des lois et ordonnances rendues ou pouvant être rendues en matière de règlements de commerce et d'industrie, de police et de sûreté générale.

Cette convention n'en fait pas mention, et c'est ce qui a engagé M. Sendrea à demander à M. le ministre si, par l'effet de cette omission, les dispositions précitées se trouvent abolies au regard des sujets allemands. M. le ministre a alors donné une réponse satisfaisante en déclarant que par cette convention on n'a point entendu abolir nos droits, les lois et règlements inhérents aux droits de souveraineté, etc.

En principe, il est constant que le droit de réglementer en matière de sûreté générale, de commerce et d'industrie, appartient à tout État indépendant, mais, par malheur, nous avons souvent vu contester ce principe, comme cela est arrivé lors de la convention austro-hongroise, où ce principe est inscrit et qui a néanmoins donné lieu à plusieurs conflits.

Or, s'il est vrai, comme le dit M. le ministre, que chaque État a le droit de légiférer en tout ce qui concerne sa propre sûreté, je ne comprends pas pourquoi cette disposition, qui est inscrite dans les deux conventions, n'est pas prévue également dans la convention avec l'Allemagne.

Moi, je crains toujours les interprétations qui ont pour résultats d'avantager les forts au détriment des faibles.

La déclaration de M. le ministre est une déclaration précieuse ; elle servira sans doute de commentaire toutes les fois qu'il surgira des interprétations divergentes, mais elle est incomplète ; il ne suffit pas que le ministre fasse cette déclaration, car il est partie contractante, et si demain l'autre partie contractante, l'Allemagne, venait lui dire : « Je ne l'ai pas entendu ainsi, » nous voilà en état de conflit !

J'ai eu l'occasion d'apprendre que la puissance qui a opposé le moins d'obstacles à la négociation des conventions, qui, pour ainsi dire, n'a fait aucune opposition, ç'avait été l'Allemagne, et par conséquent je m'étonne, je l'avoue, de ne pas voir cette disposition relative aux lois et règlements d'industrie et de la police inscrite aussi dans la convention avec l'Allemagne.

Je prierai l'honorable Sénat d'inviter le Gouvernement, à rouvrir, s'il est possible, les négociations pour tâcher d'introduire également ces articles dans la convention avec l'Allemagne, sinon je voterai contre la convention, car je sais par expérience qu'en faisant des traités, nous devons bien prendre garde de ne pas les voter avec des lacunes susceptibles de provoquer des interprétations et des conflits.

M. Cogalniceano, *ministre des affaires étrangères.* — Messieurs, je suis obligé de donner quelques explications sur l'origine de cette convention. Elle a été négociée et menée à terme sous le ministère conservateur. Lorsque je pris le portefeuille des affaires étrangères, je la trouvai presque conclue. Après la retraite de M. Majoresco, notre agent à Berlin, je quittai aussi le ministère, et mon successeur fut M. Nicolas

Sonesen. Toute cette convention a été élaborée, article par article, avec les explications de M. Sonesen, et assurément M. Sonesen n'a pas pu négliger de sauvegarder des questions auxquelles lui-même, ainsi que beaucoup d'entre nous, attachait une haute importance. Si l'on n'a point inscrit spécialement dans cette convention les clauses énoncées dans les conventions autrichienne et russe, c'est parce que ces deux conventions sont conclues avec deux États voisins, en contact immédiat avec notre pays, et avec lesquels il a fallu régler point par point chaque question. Il n'en est pas de même avec les autres Etats.

Ceux qui ne sont pas nos voisins ne veulent pas du tout entrer dans ces détails, et pourquoi? parce qu'ils n'entendent pas sauvegarder des questions qui ne les touchent que de loin.

Qu'il soit donc bien entendu que l'État roumain, par cette convention, ne s'est dépouillé en rien de son droit de réglementer en matière de police et d'ordre public. Cette question a été beaucoup discutée entre M. Sonesen et son agent M. Sendrea. Lorsque je revins au ministère, je trouvai l'affaire terminée. Sauf quelques articles de peu d'importance, toutes les clauses étaient arrêtées et acceptées.

La Chambre, où certes cette idée a inspiré la même inquiétude, a voté cette convention avec le plus grand empressement, sans être aucunement aussi effrayée et inquiète que M. Voinov. Je respecte complètement son idée, mais, je le répète, dans la Chambre, il n'y a pas eu autant d'inquiétude. De même au Sénat, tous les sénateurs, M. Sandrea y compris, ont accepté la convention, ce n'est qu'au dernier moment, où l'on allait nommer le rapporteur, que M. Sendrea m'adressa sa question, à laquelle j'ai répondu catégoriquement que cette convention *ne crée point aux sujets allemands une position autre que celle des sujets autrichiens.* Je ne crois pas qu'il soit bien de venir attaquer aujourd'hui cette convention qui a été étudiée pendant trois ans. L'honorable M. Voinov peut être d'une autre opinion, le Sénat appréciera; mais dans une matière de cette importance, je ne crois pas qu'il soit bien utile de faire ce que propose M. Voinov, notamment quand les dates prouvent qu'il n'a pas raison, et que ma réponse est satisfaisante.

M. N. Voinov dit qu'il n'est pas satisfait de la déclaration de M. le ministre, qui, quoique sincère, peut être contestée par l'autre État contractant; il insiste sur la nécessité de rouvrir les négociations pour faire inscrire dans la convention les clauses restrictives applicables aux étrangers, et qui ont été acceptées par l'Autriche-Hongrie et par la Russie.

M. N. Lahovari. — Je crois que l'honorable Sénat ne partage pas les inquiétudes de M. Voinov. L'acte qui nous est présenté est une convention de douane et, comme telle, il ne peut point mettre en jeu les autres lois et règlements d'un pays autonome. Si nous nous laissions conduire par de pareilles craintes, alors il faudrait ou ne plus conclure de conventions avec aucun État ou insérer dans ces conventions toutes les lois d'intérêt local et les règlements de police présents et à venir, avec l'observation que nous votons sous réserve de ces lois.

Après une explication du rapporteur, M. D. Stourdza, le Sénat vote la convention à la majorité de 22 voix contre 7 sur 29 votants.

VI. Rapport sur la convention commerciale avec la Suisse

Fait à la Chambre des députés de Bucharest,
le lundi 27 mai 1878, n. st.

La convention consiste en sept paragraphes et un protocole final. Le rapporteur, M. Pantazi Ghica, propose que cette convention serve à l'avenir de modèle à la Roumanie. Le Gouvernement fédéral suisse, dit-il, n'a ni cherché, ni obtenu pour ses nationaux des droits civils et politiques. Il n'a cherché à les exempter d'aucune charge, soit réquisitions, soit emprunts forcés, etc. ; bien plus, il les oblige à se soumettre à toutes les lois et règlements de la Roumanie. Confiante dans notre équité, notre législation libérale et notre civilisation, la Suisse, comme un État qui doit sa grandeur à la liberté, a placé ses citoyens sous la garantie du droit des gens.

IMPRIMERIE CENTRALE DES CHEMINS DE FER.— A. CHAIX ET Cᵉ, RUE BERGÈRE, 20, A PARIS.— 9718-8